Helene Weinold

Servietten falten

Von edel bis modern

Helene Weinold

Servietten falten

Von edel bis modern

Schritt-für-Schritt-Fotos für alle Faltungen

AUGUSTUS

Inhalt

Vorwort

Andere Menschen bringen aus ihrem Urlaub Muscheln, original italienischen Espresso, Keramikschalen oder sensationell günstige Kleidung mit dem Label teurer Marken mit. Mein Gepäck ist – egal, ob ich aus Frankreich, Italien, Skandinavien oder Österreich, aus dem Bayerischen Wald oder nur von einem Bummel in der Nachbarstadt zurückkomme – immer voller Tischwäsche: edel bedrucktes Baumwolltuch aus dem Elsass, Tischdecken und Servietten in Jacquardweberei aus Umbrien, edles Leinen von der Ostküste Schwedens, rustikale Webwaren aus der Oberpfalz und dem Salzburger Land. Schon unterwegs freue ich mich auf all die neuen Möglichkeiten, den Tisch mit den textilen Souvenirs zu gestalten, und wenn ich dann zu Hause für die Familie oder für Gäste decke, erinnere ich mich der schönen Tage am Urlaubsort. Genau die richtige Einstimmung auf ein Essen in angenehmer Gesellschaft!

Originelle oder elegante Serviettenfaltungen bringen solche Schätze besonders gut zur Geltung. Jedes Material und Muster bietet sich dabei für andere Formen an, aber auch die beliebten und praktischen Papierservietten lassen sich im Handumdrehen in einen Blickfang auf jeder Tafel verwandeln.

Hier finden Sie Vorschläge für festliche Diners ebenso wie für informelle Einladungen, für edlen Damast und preiswerte Baumwoll- oder Papierservietten, mal in klassischem Weiß und mal in poppigen Farben. Symbole zeigen Ihnen auf einen Blick, welche Serviettenmaterialien und -größen sich für die jeweilige Anregung eignen. Anhand von Bildfolgen können Sie auch ohne Erfahrung im Serviettenfalten jede Form Schritt für Schritt problemlos nacharbeiten.

Übrigens: Auch bei uns zu Hause lagen bisher beim Abendessen mit der Familie oft Papierservietten neben dem Teller – so wie sie aus der Packung kommen oder einfach zum Dreieck gelegt. Doch neuerdings besteht unsere dreijährige Tochter darauf, dass die Servietten als »Dinner« (siehe Seite 48) aufgestellt werden müssen ...

Lassen auch Sie sich von dieser Leidenschaft anstecken! Ich wünsche Ihnen viel Freude beim Dekorieren Ihres Esstischs mit den schönsten Serviettenformen!

Ihre

Symbole erleichtern Ihnen die Wahl einer geeigneten Faltform für die Servietten, die Sie für einen bestimmten Anlass vorgesehen haben. Selbstverständlich handelt es sich dabei nur um Empfehlungen. Gegebenenfalls probieren Sie Ihre Lieblingsfaltung einfach mit den jeweiligen Servietten aus. Die Zahlen in den Serviettensymbolen geben die Mindestgröße im Quadrat an. In den meisten Fällen können Sie ohne weiteres größere Servietten verwenden. Mit kleineren Servietten als angegeben gelingen die Figuren oft nicht perfekt.

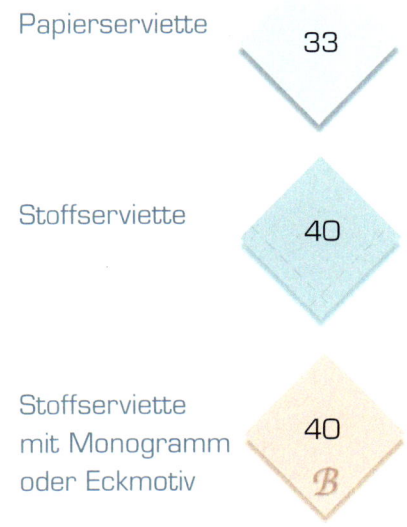

Papierserviette 33

Stoffserviette 40

Stoffserviette mit Monogramm oder Eckmotiv 40

Bestecktasche

Für die Bestecktasche eignet sich fast jede Stoffserviette mit und ohne Randverzierung und Muster. Weil sie innerhalb von Sekunden zu falten ist, können Sie damit auch den Tisch für eine größere Gesellschaft ohne Zeitdruck decken.

1

Die rechte Seite der Serviette liegt oben. Schlagen Sie die untere Hälfte nach oben.

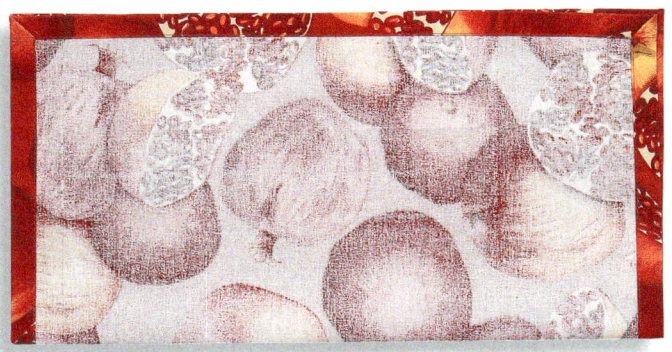

2

Klappen Sie die obere der beiden Lagen zur Hälfte wieder nach unten.

3

Drehen Sie die Serviette um, und falten Sie die rechte Kante des Rechtecks zur Mitte.

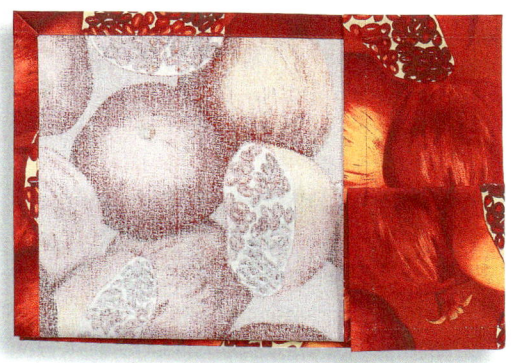

4

Den eingeschlagenen Teil klappen Sie ein zweites …

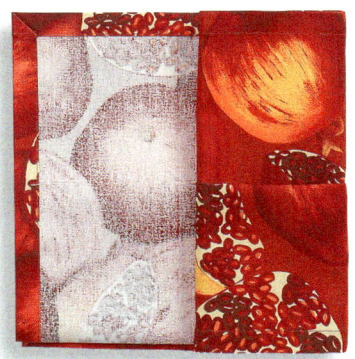

5

… und drittes Mal nach links. In die Tasche, die nun auf der Vorderseite erscheint, schieben Sie das Besteck.

Wellen im Ring

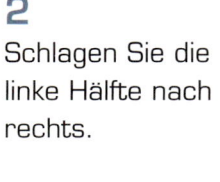

40

Wenn Ihre Serviettenringe so lustig aussehen wie diese Männlein, sollte die Serviette selbst ihnen nicht die Schau stehlen. Hier kommt der originelle Ring bestens zur Geltung.

2

Schlagen Sie die linke Hälfte nach rechts.

1

Die linke Seite der Serviette liegt oben. Klappen Sie die obere Hälfte nach unten.

3

Markieren Sie die diagonale Mitte durch einen Kniff, und falten Sie die rechts und links davon liegende Hälfte zu dieser Mitte, wie auf der Abbildung gezeigt. Dann drehen Sie die Serviette um und ziehen die Spitze durch den Ring.

Plissee

Mit dieser Faltung hat uns unser Ferienhotel in Tirol überrascht. Freundlicherweise hat sich Kellnerin Gerlinde die Zeit genommen, mir zu erklären, wie der Plissee-Effekt entsteht.

1

Legen Sie eine Papierserviette auf der Spitze stehend so vor sich hin, wie sie aus der Packung kommt. Die offenen Ecken zeigen nach oben.

2

Schlagen Sie die untere Hälfte nach hinten um.

3

Legen Sie nun ein Messer mit dem Rücken zur Faltkante zwischen die beiden Hälften, und schieben Sie die Serviette auf dem Messerrücken eng zusammen. Die fertig plissierte Serviette stellen Sie auf einen Teller.

Serviettenring

50

Eine Serviette mit zweifarbigem Jacquardmuster eignet sich für diese einfache Faltform besonders gut, weil der »Serviettenring«, der aus der mehrfach umgeschlagenen Serviettenkante entsteht, die linke Seite des Stoffes zeigt.

1

Die linke Seite der Serviette liegt oben.
Falten Sie knapp ein Drittel von unten nach oben.

3

Schlagen Sie die Unterkante der obersten Lage mehrere Male nach oben um, sodass in der Mitte des schmalen Rechtecks ein – bei Jacquardmustern kontrastfarbener – Streifen entsteht.

4

Drehen Sie die Serviette um, und rollen Sie das Rechteck locker von einer Schmalseite her ein.

2

Klappen Sie das obere Drittel nach unten.

Bierstängel und Wünschelrute

Eine traditionelle Faltform, die je nach verwendeter Serviette klassisch oder jugendlich-witzig wirkt. Wenn Sie die Serviette ganz aufrollen, entstehen die Bierstängel, die meistens in ein Glas gestellt werden. Lassen Sie die Spitze ungerollt, erhalten Sie die Wünschelrute, die auf dem Teller platziert wird.

40

2

Rollen Sie dieses Dreieck von der Basis her auf.

Wenn Sie nicht weiter rollen, als Abbildung 2 zeigt, können Sie die Serviette in der Mitte knicken und als Wünschelrute auf den Teller stellen.

1

Legen Sie die Serviette mit der linken Seite nach oben übereck vor sich. Schlagen Sie die untere Hälfte nach oben. Das Ergebnis ist ein gleichschenkliges Dreieck.

3

Für die Bierstängel rollen Sie die Serviette ganz auf und knicken sie dann entweder in der Mitte oder so, dass ein kürzerer und ein längerer »Stängel« entsteht.

Blatt

Servietten aus weich
fallenden Stoffen lassen
sich gewöhnlich nur schwer
falten, für das locker geschwungene
Blatt sind sie jedoch ideal. Hier
haben wir Serviettenmuster und
-ring passend zu einem Fischessen
ausgewählt.

1

Legen Sie die Serviette übereck mit der linken
Seite nach oben vor sich, und falten Sie die
untere Hälfte nach oben, sodass ein gleichschenkliges Dreieck entsteht.

2

Führen Sie die rechte Ecke unter der Serviette
zur Mitte der Dreiecksbasis. Dabei bildet der
Stoff eine Art Tasche.

3

Verfahren Sie mit der
linken Ecke genauso.

4

Fassen Sie die Dreiecksbasis mit allen Servietten-
zipfeln, die dort aufeinander treffen, und ziehen
Sie den Ring darüber. Legen Sie
die Serviette auf einen großen
Teller. Die beiden taschen-
artigen Falten drapieren
Sie dekorativ.

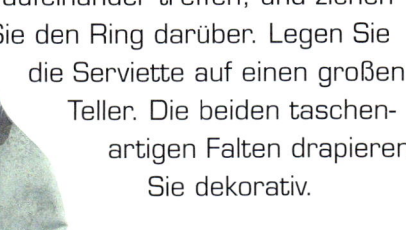

Eierbecher

Eine lustige Idee für den Ostertisch: Eine zum Knoten geschlungene Serviette dient als Eierbecher für ein hart gekochtes Ei. Bei weichen Eiern sollte sich unter dem Serviettenknoten ein »richtiger« Eierbecher verbergen.

3

Falten Sie ein Drittel des so entstandenen Trapezes nach unten.

1

Die Serviette liegt übereck mit der linken Seite nach oben vor Ihnen. Schlagen Sie die untere Hälfte nach oben, sodass ein gleichschenkliges Dreieck entsteht.

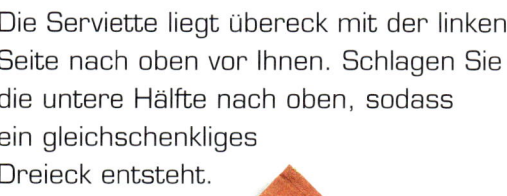

4

Schlagen Sie die obere Kante zur unteren. Das Ergebnis ist ein schmaler Streifen.

2

Klappen Sie die Spitze zur Mitte der Dreiecksbasis herunter.

5

Schlingen Sie diesen Streifen zu einem lockeren Knoten. Das nach oben zeigende Ende klappen Sie nach unten und formen die Serviette über einem Ei aus.

Biergarten

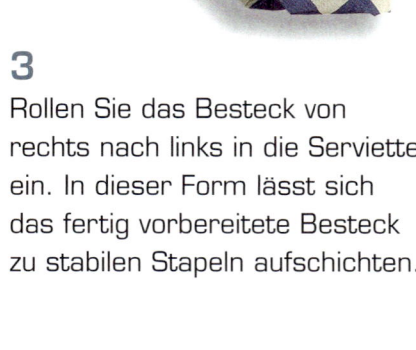

33

So kennen Sie die Besteckstapel aus Biergärten und Ausflugsgaststätten. Aber auch bei der Gartenparty oder dem kalten Büffet zu Hause erweist sich die Wickelmethode als praktisch: Erstens können Sie ganz unterschiedliche Bestecke verwenden, und zweitens hat jeder Gast mit einem Griff Besteck und Serviette in der Hand, ohne lang suchen zu müssen.

1

Legen Sie die Papierserviette übereck so vor sich hin, wie sie aus der Packung kommt. Die geschlossene Ecke zeigt zu Ihnen. Platzieren Sie Messer und Gabel übereinander etwas links von der Mitte auf diesem Rhombus, und klappen Sie die untere Ecke nach oben.

2

Schlagen Sie die rechte Hälfte der Serviette über die linke.

3

Rollen Sie das Besteck von rechts nach links in die Serviette ein. In dieser Form lässt sich das fertig vorbereitete Besteck zu stabilen Stapeln aufschichten.

Kuvert

50

Das schlichte, aber elegante Kuvert wirkt am schönsten, wenn es aus besonders edlem Material gefaltet wird – etwa aus dieser schwedischen Halbleinenserviette mit eingewebten Möwen.

1

Die linke Seite der
Serviette liegt oben.
Falten Sie die rechte
Kante zur Mitte.

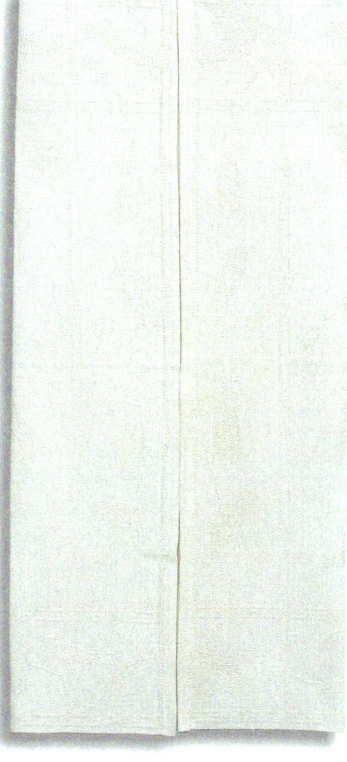

2

Auch die linke Kante
falten Sie zur Mitte,
sodass sich dort nun
beide Kanten treffen.

3

Klappen Sie die rechte und
die linke obere Ecke zur
Mitte.

4

Schlagen Sie das untere Rechteck nacheinander
jeweils zu einem Drittel nach oben. Zum Schluss
klappen Sie das obere
Dreieck nach unten.

Doppeltüte

Die Doppeltüte ist anpassungsfähig: Aus einer bunten Papierserviette mit Moosgummi-Ring gerollt wird sie zur perfekten Dekoration für den Kindergeburtstag. Eine Serviette mit Moiré-Druck und ein Ring mit Puttenkopf schmückt die weihnachtliche Festtafel.

33

2

Setzen Sie den linken Zeigefinger auf die Mitte der Unterkante, und rollen Sie die rechte obere Ecke mit der rechten Hand zum Mittelbruch.

3

Rollen Sie die linke Hälfte auf dieselbe Weise ein. Der Serviettenring wird über die untere Spitze gezogen und fixiert die Doppeltüte.

1

Die linke Seite der Serviette liegt oben. Falten Sie die untere Hälfte der Serviette nach oben.

Bergspitze

In ihrer klaren Form passt die Bergspitze besonders gut zu einer fernöstlich inspirierten Tischdekoration. Die Serviette sollte möglichst zurückhaltend gemustert sein.

33

1

Die rechte Seite der ausgebreiteten Serviette liegt oben. Falten Sie die untere Hälfte nach oben.

3

Wenden Sie die Serviette und klappen Sie wieder die obere Hälfte der obersten Lage nach unten.

4

Falten Sie die rechte und linke Hälfte der Oberkante zur senkrechten Mitte.

2

Klappen Sie die obere Hälfte der oberen Lage nach unten.

5

Schlagen Sie die beiden Enden unterhalb des dreieckigen »Giebels« nach hinten um, und stellen Sie die Serviette auf.

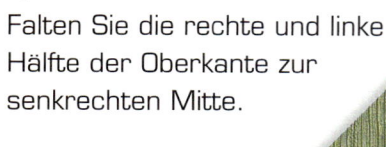

Pfiffig & modern

Torbogen

33　　40

Hier sehen Sie,
dass Sie durchaus
nicht nur Servietten einer Farbe
für alle Gäste verwenden müssen.
Gerade wenn das Geschirr sehr
schlicht ist, wirken Servietten in
den Farben des Regenbogens
hübsch – beispielsweise zum
Torbogen gefaltet.

2

Falten Sie die rechte und linke obere Ecke zu
dieser Spitze in der unteren Mitte.

3

Klappen Sie die untere Hälfte des so
entstandenen Quadrates nach hinten um.
Sie erhalten wieder ein
gleichschenkliges
Dreieck.

1

Die Serviette
liegt mit der linken
Seite nach oben über-
eck vor Ihnen. Falten Sie die obere Hälfte nach
unten, sodass ein gleichschenkliges Dreieck
entsteht, dessen Spitze zu Ihnen zeigt.

4

Stecken Sie die rechte und
linke Ecke des Dreiecks hinten
zusammen, und formen Sie
den Torbogen aus.

Jakobsmuschel

Eine klassische Faltfigur zeigt sich hier frisch und jugendlich. Wenn Sie statt der poppig-bunten Papierserviette eine gestärkte weiße Damastserviette verwenden, macht die Jakobsmuschel jeder Festtafel Ehre.

1

Die Serviette liegt mit der linken Seite nach oben übereck vor Ihnen. Falten Sie die untere Hälfte nach oben, sodass ein gleichschenkliges Dreieck entsteht.

2

Legen Sie nun dieses Dreieck von der Basis her wie eine Ziehharmonika in gleichmäßige Falten. Pressen Sie die gefaltete Serviette immer wieder gut, um die Falten zu fixieren. (Eine Stoffserviette können Sie bügeln, dann halten die Falten besonders gut.)

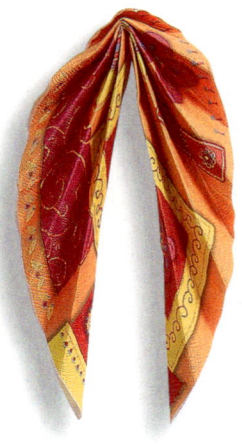

3

Legen Sie die Serviette an der Dreiecksbasis zur Hälfte zusammen.

Christine

33
50

Eine ähnliche Faltung wie diese
habe ich bei der Hochzeit meiner
Freundin Christine gesehen und
deshalb meine Variante nach der
Braut benannt. Die Kombination
von Stoff- und Papierserviette ist
nicht nur originell, sondern auch
praktisch, weil die Damen unter
den Gästen dann nicht gezwungen
sind, den Lippenstift mit der Stoffserviette abzutupfen.

1

Die Stoffserviette liegt mit der linken Seite
nach oben übereck vor Ihnen. Falten Sie die
untere Hälfte nach oben, sodass ein gleichschenkliges Dreieck entsteht. Mit der Papierserviette verfahren Sie ebenso. Dann legen
Sie die Papierserviette so auf die Stoffserviette,
dass die Unterkanten aufeinander treffen
und links ein schmaler
Streifen der Papier-
serviette zu sehen
bleibt.

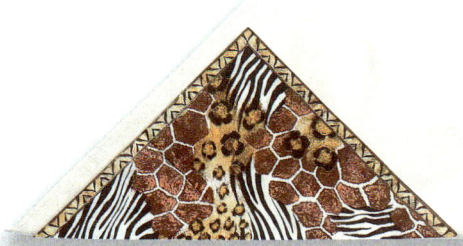

2

Legen
Sie das
linke Drittel beider Servietten locker zu zieh-
harmonikaartigen Falten. Sie können die Falten
an der Dreiecksbasis fest zusammendrücken.
Nach oben hin sollten sie allerdings ohne scharfe
Knicke aufspringen.

3

Rollen Sie nun die Servietten von der
rechten Seite her ein.

Fauler Ober

40

Diese Figur wird auch als »Eleganz« oder »Rosenknospe« bezeichnet. Den ungewöhnlichen Namen »Fauler Ober« soll sie der Tatsache verdanken, dass sie ausgesprochen einfach und schnell zu falten ist.

1

Die linke Seite der Serviette liegt oben.
Falten Sie das untere Drittel nach oben.

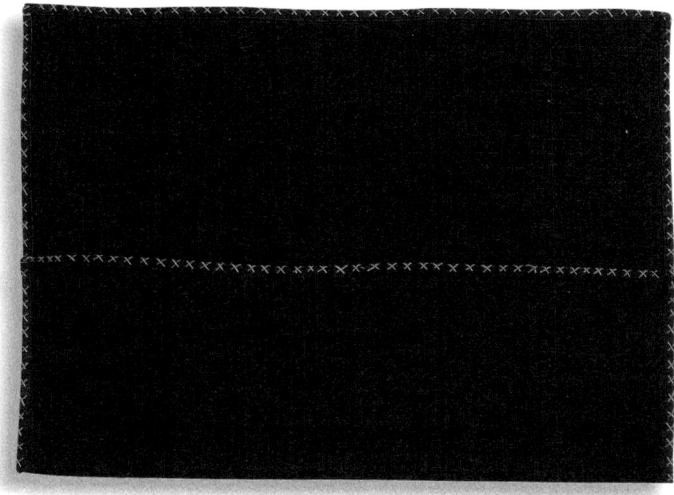

4

Falten Sie die
rechte und die
linke obere Ecke
zur Mitte.

2

Klappen Sie das obere Drittel nach unten,
sodass ein schmales Rechteck entsteht.

5

Wenden Sie die
Serviette, wie es
die Abbildung zeigt.
Die Spitze weist
zu Ihnen.

3

Schlagen Sie
die rechte und
die linke Hälfte
dieses Recht-
ecks zur Mitte.

6

Stecken Sie die rechte und
die linke obere Ecke zu-
sammen, und stellen
Sie die Serviette auf.

Rollen im Quadrat

50

Diese Serviettenform schmückte vor mehr als hundert Jahren
bereits die Tafeln in Bürgerhäusern und eleganten Hotels.
Heute harmoniert sie aufs Schönste mit dem schnörkellosen
asiatischen Stil.

1

Die linke Seite der Serviette liegt oben.
Falten Sie das untere Drittel nach oben.

2

Klappen Sie das obere Drittel nach unten.

3

Falten Sie nun die linke Hälfte der Unterkante
zur senkrechten Mittellinie.

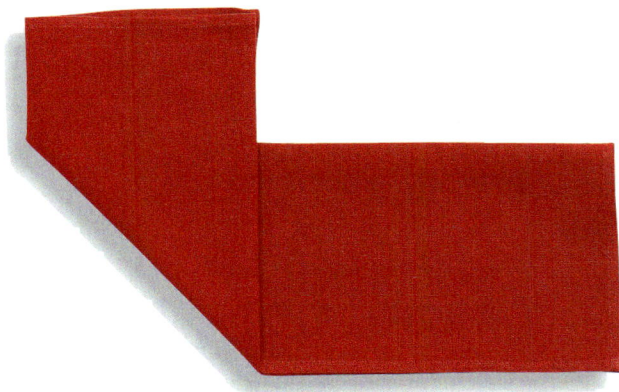

4

Verfahren
Sie mit der
rechten Hälfte der
Unterkante genauso.

5

Drehen Sie die Serviette um, und rollen Sie die
beiden oberen Enden zum Dreieck hin ein.

6

Wenden Sie die
Serviette wieder, und
legen Sie die rechte Rolle
zur Mitte.

7

Verfahren Sie mit
der linken Rolle
genauso.

Dorothea

33   40

Diese verblüffende Faltung habe ich ebenso wie die Faltform »Christine« auf einer Hochzeit entdeckt und deshalb nach der Braut benannt: Hier wird der bekannte »stehende Fächer« leicht variiert und ganz einfach umgedreht.

1

Die linke Seite der Serviette liegt oben.
Falten Sie die rechte Hälfte nach links.

2

Legen Sie nun die Serviette von der
unteren Schmalseite her zu drei Vierteln in
Ziehharmonika-Falten. (Beim stehenden Fächer
dürften Sie nur bis knapp über die Mitte falten.)

3

Klappen Sie die Serviette so zur Hälfte zusammen, dass der Ziehharmonika-Teil außen liegt.

4

Falten Sie die rechte obere Ecke zur linken
Kante. Die Kante, die vorher rechts außen lag,
steckt nun zwischen den Plissee-Falten. Stellen
Sie die Serviette auf. (Für den stehenden Fächer
falten Sie den Streifen, der über
das gefaltete Dreieck hinaus-
steht, zu einer kleinen
Standfläche um und
stellen den Fächer
auf.)

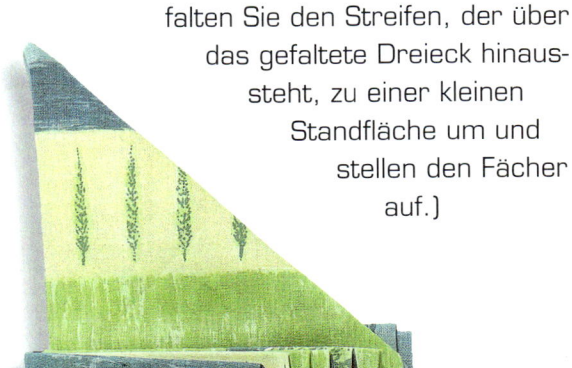

Satteldach

Das Satteldach ist einfacher zu falten, als es zunächst scheint. Es lässt sich aus Stoffservietten ebenso arbeiten wie aus Papierservietten und passt in ein modernes Ambiente.

33 **40**

1

Die linke Seite der Serviette liegt oben. Klappen Sie die untere Hälfte nach oben.

2

Führen Sie die linke untere Ecke zur oberen Mitte.

3

Die rechte obere Ecke falten Sie nach unten zur Mitte.

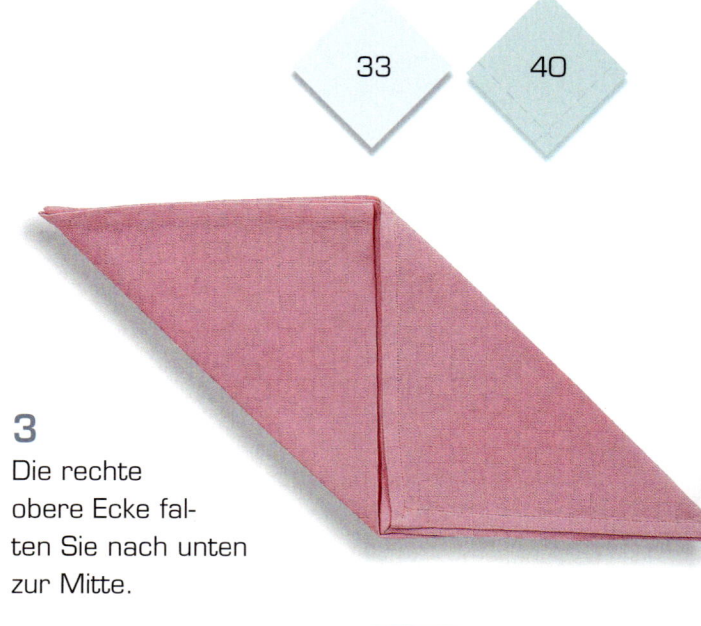

4

Klappen Sie die linke Hälfte über die rechte.

5

Schlagen Sie die rechte obere Ecke zur Rückseite um.

6

Falten Sie die rechte untere Ecke auf die linke obere, drehen Sie die Form um 90° nach links, und stellen Sie das Satteldach auf.

Hemd

Aus einer weißen Damastserviette gefaltet, wirkt dieses Hemd sehr elegant. Wenn Sie eine Serviette mit großformatigem, exotischem Blütenmuster verwenden, entsteht hingegen ein Hawaii-Hemd, das zum Blickfang bei einem karibischen Abend wird.

50

1

Die rechte Seite
der Serviette
liegt oben.
Schlagen Sie das
linke Drittel nach
rechts.

2

Falten Sie die
Hälfte der oberen
Lage wieder nach
links.

3

Legen Sie die rechte
Außenkante auf die linke,
und falten Sie die Hälfte
der oberen Lage nach
rechts.

4

Schlagen Sie die obere
Schmalseite etwa 3 cm
breit nach unten um.

5

Wenden Sie die Serviette,
und führen Sie die rechte
und linke obere Ecke zur
Mitte.

6

Klappen Sie den recht-
eckigen Teil der Serviette
zu knapp einem Drittel
nach oben.

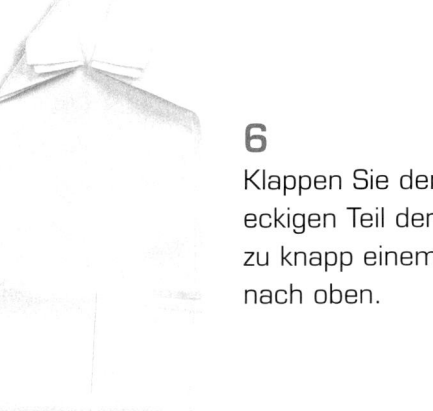

7

Schlagen Sie die
Unterkante nach oben,
und legen Sie die
Kragenecken darüber.

Fächer im Ring

Eine einfache Faltform hat hier ihren großen Auftritt: Die zarten Organza-Servietten lassen den Fächer ganz besonders duftig wirken. Dieselbe Figur lässt sich aber auch aus anderen Stoffservietten oder aus Papierservietten effektvoll falten.

1

Legen Sie die ganze Serviette in gleich breite, ziehharmonikaartige Falten.

2

Klappen Sie das so entstandene Band in der Mitte zusammen, ziehen Sie einen Serviettenring über den Knick, und fächern Sie die oberen Enden dekorativ auf.

Dinner

Wenn's schnell gehen muss, liegen Sie mit dieser Figur immer richtig: Sie gelingt mit nahezu jeder Serviette im Nu und harmoniert mit einer traditionellen Tischdekoration ebenso gut wie mit einer jugendlich-witzigen.

33   40

1

Die linke Seite der Serviette liegt oben.
Falten Sie die obere Hälfte nach unten.

2

Drücken Sie den Zeigefinger der linken Hand auf
die Mitte der Oberkante. Mit der rechten Hand
fassen Sie die linke
untere Ecke und
führen sie zur
rechten
unteren
Ecke.

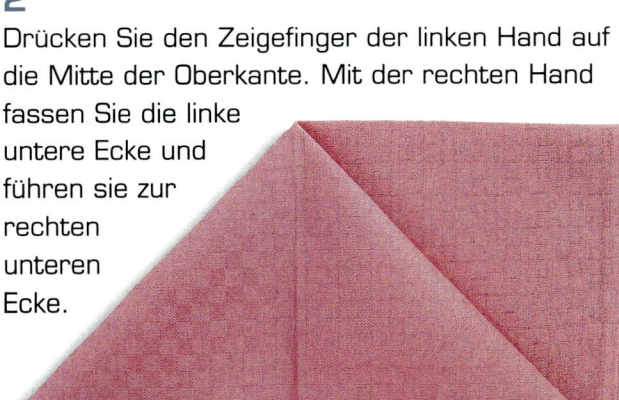

3

Klappen Sie den rechten »Flügel« nach links.

4

Drücken Sie nun den Zeigefinger der rechten
Hand auf die obere Mitte, und führen Sie mit
der linken Hand die rechte
untere Ecke nach links.

5

Schlagen Sie auch den letzten »Flügel«
von rechts nach links, und stellen
Sie die Serviette auf.

Doppelschiffchen

50

Ob Kindergeburtstag oder Spiele-
abend – das Doppelschiffchen
kommt immer gut an, denn in
seinen beiden Rumpfhälften haben
allerlei Überraschungen Platz. Dieser Katamaran lässt sich allerdings
nur aus großen Servietten falten.

1

Die linke Seite der Serviette liegt oben.
Falten Sie das untere Drittel nach oben.

2

Klappen Sie das obere Drittel nach unten.

3

Schlagen Sie die
linke Hälfte über
die rechte.

4

Falten Sie die beiden
Außenkanten zur Mitte.

5

Wenden Sie die Serviette,
und führen Sie die obersten
Lagen von Ober- und Unterkante zur horizontalen Mitte.

6

Wenden Sie
die Serviette
wieder, …

7

… und klappen Sie
beide Hälften auseinander.

Spitzenfächer

50

Wohl kaum eine Serviettenfigur verleiht einem gedeckten Tisch so sehr die Atmosphäre einer Festtafel wie der Spitzenfächer. Die umwerfende Wirkung lohnt die Mühe, denn etwas Zeit müssen Sie für ein Kunstwerk wie dieses schon aufbringen.

1

Die rechte Seite der Serviette liegt oben.
Falten Sie die untere Hälfte nach oben.

2

Klappen Sie die obere Hälfte der oberen Lage
wieder nach unten.

3

Wenden Sie die Serviette, und klappen Sie
wieder die obere Hälfte nach unten.

4

Legen Sie die ganze Serviette
von einer Schmalseite her in
gleichmäßige Ziehharmonika-
Falten. Wenn Sie die Serviette
gut stärken und zwischen-
durch dämpfen, halten die
Falten besser.

5

Pressen Sie die gefaltete Serviette mit der linken
Hand zusammen. Mit der rechten Hand greifen
Sie zwischen die Falten und holen die oberen,
innen liegenden Spitzen nach
vorne. Pressen Sie die Serviette nach jedem Arbeits-
schritt wieder fest
zusammen, um
die Falten zu
fixieren.

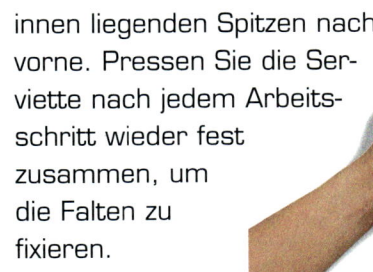

6

Drehen Sie die Serviette um,
und verfahren Sie auf der
Rückseite genauso. Stellen Sie die
fertig gefaltete Serviette aufgefächert
auf einen Teller.

Pfauenschwanz

33 40

Eine Stoffserviette mit umlaufendem Bordürendruck – wie dieses Pracht-
stück aus dem Elsass – eignet sich besonders gut für diese Form, weil der
Muster-Rahmen die Zacken des Pfauenschwanzes betont. Die Figur können
Sie aber auch leicht aus einer Papierserviette falten.

1

Die linke Seite der Serviette liegt oben.
Klappen Sie die untere Hälfte nach oben.

4

Schlagen Sie die linke Hälfte
des Dreiecks nach rechts.

2

Schlagen Sie
die rechte Hälfte
über die linke.

5

Führen Sie
die nun oben
liegende linke obere
Ecke nach rechts.

3

Führen Sie die linke obere Ecke
der obersten Lage nach rechts außen,
sodass sich ein Dreieck bildet.

6

Klappen Sie auch
den letzten »Flügel«
nach rechts, und
fächern Sie den
Pfauenschwanz auf.

Prinzessin

50

Keine Faltform für alle Tage, aber ein außergewöhnlicher
Tischschmuck für besondere Anlässe:
Die »Prinzessin« erfordert Zeit und Fingerspitzengefühl.
Dafür sind Ihnen aber die Komplimente Ihrer Gäste sicher.

1

Die rechte Seite der Serviette liegt oben.
Falten Sie das untere Drittel nach oben.

2

Klappen Sie die obere Hälfte der oberen Lage
wieder nach unten.

3

Falten Sie die obere Kante auf die untere.

4

Klappen Sie die untere Hälfte der obersten Lage
wieder nach oben.

5

Schlagen Sie die untere Hälfte nach hinten um.

6

Legen Sie das linke Drittel nach rechts,

7

… und falten Sie die Hälfte davon wieder
nach links.

8

Verfahren Sie mit
der rechten Seite
gegengleich.

9

Ziehen Sie die rechte obere Ecke nach links,
sodass ein Dreieck entsteht. Dann klappen Sie
die rechte obere Ecke des Dreiecks ebenfalls
nach links. Diese beiden Schritte wiederholen
Sie mit den nächsten Lagen der rechten Hälfte,
klappen dann alle Lagen wieder nach rechts
und falten die Lagen der linken Hälfte genauso.
Zum Schluss stellen
Sie die Serviette auf
einen Teller und
fächern das »Krön-
chen« elegant auf.

Stehendes Quadrat

Die klare, moderne Form dieses Rhombus ist eine zeitgemäße Alternative zu den beliebten Fächern. Eine schlichte, einfarbige Serviette bringt die geometrische Faltung besonders gut zur Geltung.

40

1

Die linke Seite der Serviette liegt oben. Falten Sie das untere Drittel der Serviette nach oben.

2

Klappen Sie das obere Drittel nach unten.

3

Falten Sie die linke Hälfte der Oberkante zur senkrechten Mittellinie.

4

Verfahren Sie mit der rechten Hälfte der Oberkante ebenso.

5

Falten Sie die linke Hälfte der Form so, dass die linke untere Ecke des Dreiecks auf die obere Spitze trifft. Der rechteckige Streifen überlappt die rechte Hälfte und ragt rechts oben darüber hinaus.

6

Klappen sie den nach rechts weisenden Streifen nach links über das Dreieck.

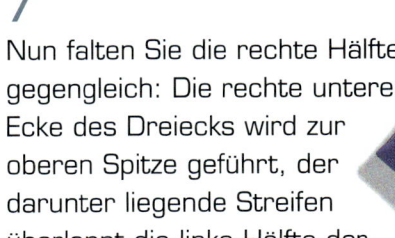

7

Nun falten Sie die rechte Hälfte gegengleich: Die rechte untere Ecke des Dreiecks wird zur oberen Spitze geführt, der darunter liegende Streifen überlappt die linke Hälfte der Figur.

8

Schlagen Sie den nach links weisenden Streifen nach rechts, wenden Sie die Serviette und stellen Sie die Figur auf.

Hase

Nicht nur Kinder sind begeistert, wenn ein niedliches Serviettenhäschen sie am Frühstückstisch erwartet. Es ist übrigens so einfach zu falten, dass sie leicht ein ganzes Dutzend davon für Ihren Osterbrunch herstellen können.

1

Die rechte Seite der Serviette liegt oben.
Falten Sie die obere Hälfte nach unten.

2

Schlagen Sie die Hälfte der oberen Lage
wieder nach oben.

3

Wenden Sie die Serviette und schlagen Sie auch
hier die obere Lage zur Hälfte nach oben.

4

Falten Sie beide Hälften
der Unterkante zur senk-
rechten Mittellinie nach oben.

5

Klappen Sie die rechte
und linke Seite der
Oberkante zur
Mittellinie: Es zeigt
sich ein auf der Spitze
stehendes Quadrat.

6

Falten Sie die rechte und linke
obere Kante noch einmal zur
Mittellinie.

7

Knicken Sie die
untere Spitze der so
entstandenen Drachenfigur
nach hinten.

8

Legen Sie die Figur entlang der
senkrechten Mitte zur Hälfte
zusammen, und formen Sie
das Häschen aus.

Monogramm

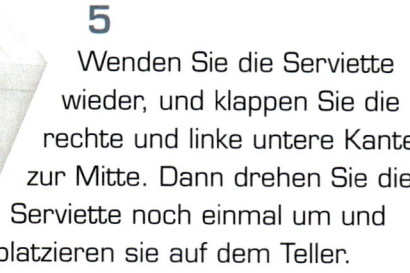

40

B

Edle Servietten, in deren Ecke ein Monogramm eingestickt ist, sollten so gefaltet werden, dass die Stickerei zum Blickfang wird. Diese Figur hebt eine kunstvolle Weißstickerei gebührend hervor.

1

Die Serviette liegt mit der linken Seite nach oben übereck vor Ihnen. Die Ecke mit dem Monogramm weist von Ihnen weg. Falten Sie die untere Hälfte nach oben, sodass die bisherige untere Ecke die Ecke mit dem Monogramm überdeckt.

3

Verfahren Sie mit der linken unteren Ecke ebenso.

4

Wenden Sie die Serviette, und schlagen Sie die untere Ecke nach oben um. Die Höhe des Umschlags hängt von Ihrem Geschmack, aber auch von der Lage und Größe der Monogrammstickerei ab.

2

Falten Sie die rechte untere Ecke zur oberen Spitze.

5

Wenden Sie die Serviette wieder, und klappen Sie die rechte und linke untere Kante zur Mitte. Dann drehen Sie die Serviette noch einmal um und platzieren sie auf dem Teller.

Flügeltor

Ob aus Papier- oder edlen Stoffservietten: Das Flügeltor wirkt immer festlich. Weil es so einfach zu falten ist, bietet es sich auch für größere Gesellschaften an.

33   40

1

Die Serviette liegt mit der linken Seite nach oben übereck vor Ihnen. Falten Sie die untere Hälfte nach oben, sodass ein gleichschenkliges Dreieck entsteht.

3

Verfahren Sie mit der linken unteren Ecke ebenso, und klappen Sie die untere Hälfte des so entstandenen Quadrates nach hinten um.

2

Schlagen Sie die rechte untere Ecke nach oben zur Spitze.

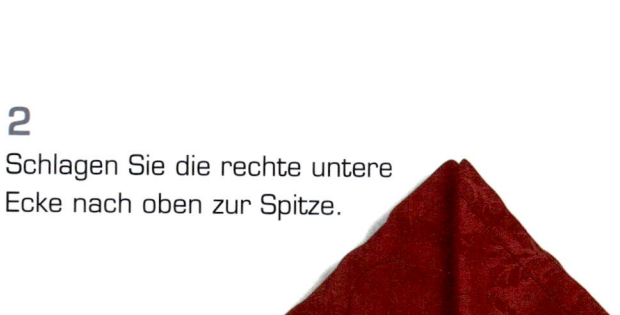

4

Stecken Sie die rechte und linke Ecke der Figur hinten zusammen.

Füllhorn

Die Randverzierung – hier ein dekorativer Hohlsaum – verleiht dieser Figur besonderen Pfiff. Verwenden Sie für diese Faltung keine Papierservietten oder Modelle mit weniger attraktiver Rückseite. Durch die besondere Art der Faltung sind nämlich rechte und linke Seite der Serviette zu sehen.

1

Die linke Seite der Serviette liegt oben. Falten Sie die untere Hälfte nach oben.

4

Falten Sie die linke obere Ecke der nächsten Lage ebenfalls nach rechts unten, allerdings auch nur bis knapp zur Randverzierung.

5

Verfahren Sie mit der vorletzten Lage genauso.

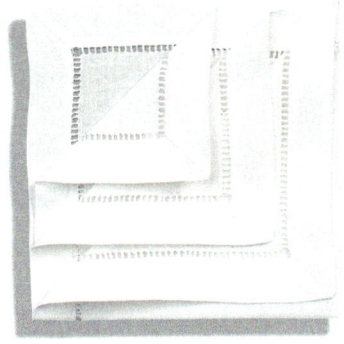

2

Schlagen sie die rechte über die linke Hälfte.

3

Falten Sie die oberste Lage diagonal nach rechts unten, lassen Sie dabei aber rechts und unten jeweils einen schmalen Streifen frei.

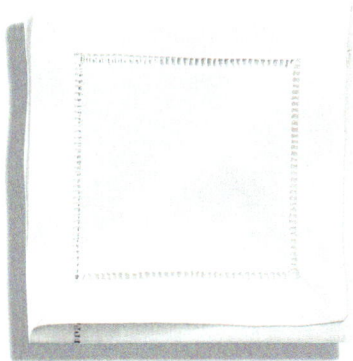

6

Zum Schluss schlagen Sie die linke obere Ecke der letzten Lage um.

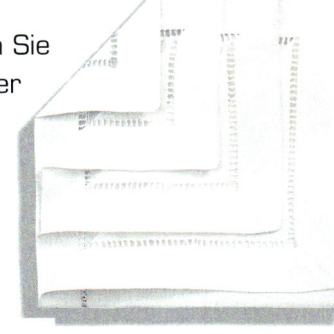

7

Führen Sie die linke und die obere Kante hinten zusammen, und formen Sie die Figur aus.

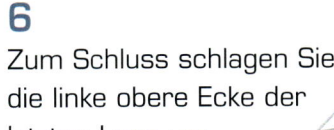

Fächerspitz

33   40

Diese ausgefallene Fächerform eignet sich für Papierservietten
ebenso wie für gestärkte Stoffservietten. Allerdings sollten Sie die Mitte
des Fächers unter der Spitze des Quadrats durch eine Gabel oder eine kleine
Überraschung für Ihre Gäste fixieren, damit der Fächer in Form bleibt.

1
Die linke Seite der Serviette liegt oben. Klappen Sie die linke über die rechte Hälfte.

2
Falten Sie die rechte und linke Hälfte der unteren Schmalseite zur senkrechten Mittellinie.

3
Klappen Sie das untere Dreieck nach oben um.

4
Wenden Sie die Serviette und falten Sie wieder die beiden Seiten der Unterkante zur Mittellinie.

5
Drehen Sie die Serviette noch einmal um, und falten Sie den oberen, rechteckigen Teil von der Oberkante her ziehharmonikaartig zum Fächer. Diesen Fächer formen Sie aus und fixieren ihn, indem Sie ihn über die Zinken einer Gabel führen oder mit einem kleinen Geschenk für den jeweiligen Gast beschweren.

Lotosblüte

Die Lotosblüte ist eine attraktive Unterlage für Schüsseln und Platten auf einem kalten Büffet. Verwenden Sie dafür eine weiße Mitteldecke mit mindestens 90 cm Seitenlänge. Dieses Format ist zwar nicht ganz einfach zu falten, ergibt aber eine besonders üppige Blüte, in der auch größere Schüsseln Platz finden.

1

Die linke Seite der Mitteldecke liegt oben.
Falten Sie alle vier Ecken zur Mitte.

2

Diesen
Vorgang
wiederholen
Sie ein
zweites ...

3

... und drittes Mal.
(Wenn Sie die
Lotosblüte aus
einer Serviette
normaler Größe
falten wollen,
entfällt dieser
dritte Schritt.)

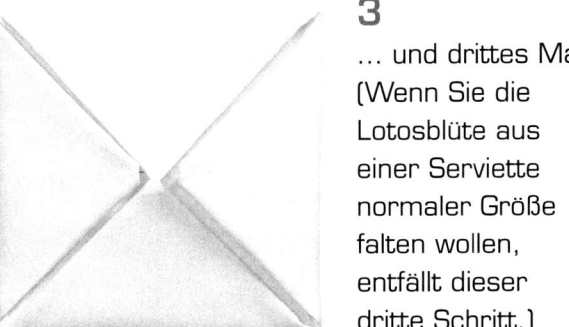

4

Wenden Sie die
Figur, und falten
Sie wieder alle
Ecken zur Mitte.

5

Wiederholen Sie
Schritt 4. (Auch dieser
Schritt entfällt, wenn
Sie eine normale
Serviette statt der
Mitteldecke verwenden.)

6

Greifen Sie nun unter
die vier Ecken und zie-
hen Sie die darunter
liegenden Stoffzipfel
vorsichtig nach außen.
Dabei formen sich die
Blütenblätter.

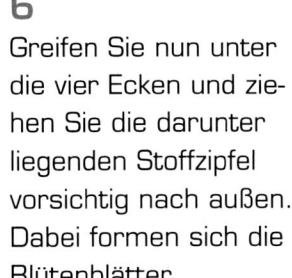

7

Zum Schluss ziehen
Sie auch die Stoffzipfel unter den geraden Seiten
des Quadrat nach außen.

Dank der Autorin

Selbst bei gut gefüllten Wäsche- und Geschirrschränken wäre ein Buch wie dieses nicht ohne die großzügige Unterstützung zahlreicher Leihgeber zu realisieren. Deshalb danke ich Alex Ezernieks-Er, Ines Hüvel und Yvonne Langer herzlich dafür, dass sie während der Fotoaufnahmen auf ihre schönsten Stücke verzichtet haben. Die Porzellanmanufaktur Fürstenberg, Fürstenberg/Weser, die Villeroy & Boch AG, Mettlach, sowie die M.H. Wilkens & Söhne GmbH, Bremen, versorgten uns innerhalb kürzester Zeit mit Leihgaben aus ihrem Porzellan- und Besteckprogramm, und IHR/Ideal Home Range, Essen/Oldenburg, stellte die Papierservietten zur Verfügung. Ihnen allen danke ich vielmals für ihr Entgegenkommen.

Helene Weinold

Die Deutsche Bibliothek –
CIP-Einheitsaufnahme

Ein Titeldatensatz für diese Publikation ist bei
Der Deutschen Bibliothek erhältlich.

Fotografie: Klaus Lipa, Diedorf bei Augsburg
Lektorat: Margit Bogner
Umschlagkonzeption: Kontrapunkt, Kopenhagen
Satz und Layout: Anton Walter, Gundelfingen
Umschlaglayout: Ina Hochbach

Augustus Verlag München 2001
© Weltbild Ratgeber Verlage GmbH & Co. KG.

Reproduktion: GAV Prepress, Gerstetten
Druck und Bindung: Appl, Wemding

Gedruckt auf 115 g umweltfreundlich elementar chlorfrei gebleichtes Papier.

ISBN 3-8043-0903-8

Printed in Germany